FOUR IRISH POETS

Quatre poètes irlandais

The Dedalus Press
13 Moyclare Road
Baldoyle
Dublin 13
Ireland
www.dedaluspress.com

Four Irish Poets / Quatre poètes irlandais
is first published on Bloomsday, 16 June 2011
and launched at the Centre Culturel Irlandais, Paris

ISBN 978 1 906614 44 7

Dedalus Press titles are represented in the UK by
Central Books, 99 Wallis Road, London E9 5LN
and in North America by Syracuse University Press, Inc.,
621 Skytop Road, Suite 110, Syracuse, New York 13244.

Cover image © iStockphoto.com / Andrew Rich
Printed in Ireland by eprint Ltd.

The Dedalus Press receives financial assistance from
The Arts Council / An Chomhairle Ealaíon

UNIVERSITÉ
SORBONNE
NOUVELLE
PARIS 3
Membre fondateur de Sorbonne Paris Cité

the arts
council
chomhairle
ealaíon
funding
literature
artscouncil.ie

CENTRE CULTUREL
IRLANDAIS
PARIS

FOUR IRISH POETS

Quatre poètes irlandais

Edited by
Clíona Ní Riordáin

TRANSLATIONS BY

Paul Bensimon
Isabelle Génin
Yves Lefèvre
Anne Mounic

DEDALUS PRESS
DUBLIN, IRELAND

ACKNOWLEDGEMENTS AND THANKS

Four Irish Poets / *Quatre poètes irlandais* is published by The Dedalus Press on the occasion of a reading by the poets Pat Boran, Katherine Duffy, Mary Montague and Gerry Murphy at the Centre Culturel Irlandais, Paris, on Bloomsday, 16 June 2011.

The French translations were made by Paul Bensimon, Isabelle Génin, Yves Lefèvre and Anne Mounic.

This translation event came about because of the enthusiasm generated by that most irrepressible of poets, Gerry Murphy, who put Pat Boran and Clíona Ní Ríordáin in contact with each other. The organisational details were worked out during the Cork Spring Literary Festival 2011. All the translators are faculty members of the Université de la Sorbonne Nouvelle and share a passion for poetry and translation. They work together in the PRISMES research group. Their commitment to the project involved endless discussions ranging from the different parts of the bagpipes to how to translate 17 stones to kilos – and the mystery of the disappearing stanzas. We are hugely indebted to each of them.

Sincere thanks are due to *Directrice* Sheila Pratschke and all her team at the Centre Culturel Irlandais for their encouragement, support and assistance in realising this project.

SOURCES The poems in this volume are taken from four titles published by The Dedalus Press: *New and Selected Poems* by Pat Boran (2007), *Sorrow's Egg* by Katherine Duffy (2011), *Tribe* by Mary Montague (2008) and *End of Part One: New and Selected Poems* by Gerry Murphy (2006).

Contents

≈

MARY MONTAGUE

GERRY MURPHY

Preface

Four Irish Poets

F EW PEOPLE REMEMBER that the first published work of James Joyce is a collection of poems, *Chamber Music*, which appeared in 1907. His later collection of poetry, *Pomes Penyeach* published in Paris in 1927, bears witness to his passion for trans-linguistic puns, and also to his interest in translation. As proof of this, one has only to recall the obsessive attention with which he supervised the French translation of Ulysses, and his constant meddling in the labour of his translators[1]. The portrait of four artist-poets which Dedalus Press, a propitious name for a publishing house, proposes in this anthology attests to the vitality of contemporary Irish poetry. The vitality is based on the essential orality which characterises both the Irish poetic tradition and Joyce's prose. The oral essence of poetry is more marked in Ireland than possibly anywhere else; this is without doubt linked to the bardic tradition, with its reliance on assonance as an aid to memorisation. In Irish poetry, the private nature of poetry is perhaps less important than poetry seen as a form of public art, which includes the recitation of favourite poems and poetry readings given by the poets themselves—as is the case this evening—or by readers. The Irish attraction for this type of event is without an equivalent in France. Reading aloud enables the rhythm of verse and the natural rhythms of speech to coincide, in a palpable, tangible, and audible manner. Pat Boran like Katherine Duffy, Mary Montague like Gerry Murphy, each in their own manner, each with their own personal nuances, illustrate this fundamental affinity between the poem and the human voice. In a bilingual anthology, with the translated text facing—and mirroring—the original poem, the perception of the poem is enriched.

Préface

Quatre poètes irlandais

PEU DE GENS se souviennent qu'avant d'être romancier James Joyce fut poète. Sa toute première œuvre est un recueil de poèmes, *Chamber Music*, qui date de 1907. Le recueil de poèmes, *Pomes Penyeach*, publié en 1927 à Paris, témoigne de son intérêt passionné pour les jeux de mots translinguistiques et pour la traduction. Il n'est que de rappeler la minutie obsessionnelle avec laquelle Joyce supervisait la traduction française d'*Ulysse* et s'immisçait dans le labeur de ses traducteurs[1]. Le portrait des quatre artiste-poètes que la Dedalus Press, au nom tellement propice, nous présente dans cette anthologie atteste la vitalité de la poésie irlandaise contemporaine. Cette vitalité ne repose-t-elle pas sur l'oralité essentielle qui marque aussi bien la tradition poétique irlandaise que la prose joycienne ? L'oralité essentielle de la poésie est peut-être plus patente en Irlande qu'ailleurs ; cela n'est pas sans rapport avec la tradition bardique fondée sur l'assonance comme aide à la mémorisation. La poésie irlandaise relève moins de la sphère privée que d'un art public qui inclut *la mise en voix* de poèmes favoris et le récital de poèmes, soit par les poètes eux-mêmes—c'est le cas ce soir—soit par des récitants. La prédilection pour ce genre d'événement est inconnue en France. La lecture à haute voix rend palpable, tangible, audible, la coïncidence entre le rythme du vers et les rythmes naturelles de la langue. Pat Boran comme Katherine Duffy, Mary Montague comme Gerry Murphy, illustrent, chacun à sa manière, chacun avec des nuances personnelles, cette affinité fondamentale entre le poème et la voix humaine. Le vis-à-vis du texte original et de la traduction, et l'effet de miroir ainsi produit, établissent des rapports qui enrichissent la perception du texte poétique.

Readers should be grateful to Dedalus Press for creating this extra dimension. According to Antoine Berman, a literary work reaches *completude* through its translation into another language, through the *trial of the foreign*. The poetry of Pat Boran, of Katherine Duffy, of Mary Montague, of Gerry Murphy, emerges with flying colours from this trial, the trial of the foreign to find a new home in the French language.

Clíona Ní Ríordáin, Paul Bensimon
Paris, 16 June 2011

---

[1] The translators of the present anthology can complain of no such treatment at the hands of the poets.

Les éditions, Dedalus Press, doivent être vivement remerciées de rendre ainsi possible cette dimension supplémentaire. Selon Antoine Berman, l'œuvre littéraire parvient à sa complétude par la traduction dans une autre langue, par *l'épreuve de l'étranger*. La poésie de Pat Boran, celle de Katherine Duffy, celle de Mary Montague, celle de Gerry Murphy, traversent avec éclat cette épreuve, l'épreuve de l'étranger.

Paul Bensimon, Clíona Ní Ríordáin
Paris, le 16 juin 2011

---

[1] Les traducteurs de la présente anthologie tiennent à souligner qu'ils n'ont subie aucune pression de la part des poètes comparable à celle que Joyce infligeait à ses traducteurs

PAT BORAN

 PAT BORAN was born in Portlaoise in 1963 and lives in Dublin where he has worked as a broadcaster, editor and festival organiser. In 2005 he took over the long-established Dedalus Press which had previously published many of his own books. The recipient of the Patrick Kavanagh Poetry Award in 1989, he is the author of the poetry collections, *The Unwound Clock* (1990), *Familiar Things* (1993), *The Shape of Water* (1996) and *As the Hand, the Glove* (2001), as well as *New and Selected Poems* (2007), editions of which have appeared in Italian, Macedonian and Hungarian. His non-fiction includes the popular writers' handbook, *The Portable Creative Writing Workshop* (1999/2005), *A Short History of Dublin* (1999) and the Bisto Book of the Year shortlisted children's title, *All the Way from China* (1998). He has edited a number of poetry anthologies, including *Wingspan: A Dedalus Sampler* (2006) and *Flowing, Still: Irish Poets on Irish Poetry* (2009) and is a former editor of *Poetry Ireland Review.* He presents *The Poetry Programme* on RTÉ Radio 1 and the Dedalus Press 'AudioRoom' podcast, available iTunes. In 2007 he was elected to membership of Aosdána, the Irish academy of artists and writers, and in 2008 received the Lawrence O'Shaughnessy Award for Irish Poetry.

ABOUT THE TRANSLATOR

Yves Lefèvre teaches various aspects of literary translation at the Université de la Sorbonne Nouvelle – Paris 3. He has translated selections of poems by Leanne O'Sullivan and Vona Groarke as part of an ongoing series of translation workshops at the university.

Children

Children in ill-fitting uniforms
drive adults to school, and children
argue the cost of tobacco
in the Newsagent's nearby.

You must have noticed them.

And in the mornings they rise to slaughter pigs,
cook breakfast, solve crosswords at the office ...
Or they send tiny adults into minefields,
barefoot, with pictures
of Khomeini around their necks,
their old toes searching the sand
for death.

And children queue for Bingo
on Ormond Quay, on Mary Street,
and douse their leaking take-aways with vinegar.

And children talk and smoke incessantly
in Eastern Health Board waiting rooms,
always moving one seat to the right,
someone's parents squabbling over trinkets
on the worn linoleum.

And it is always children
who will swear for their tobacco—children
with beards and varicose veins—
and children, dressed as policemen,
who pull their first corpses from the river.

Les enfants

Des enfants en uniforme mal coupé
conduisent des adultes à l'école, et des enfants
discutent du prix du tabac
chez le marchand d'à côté.

Vous les avez certainement remarqués.

Et le matin, ils se lèvent pour tuer des cochons,
préparer le petit-déjeuner, faire des mots-croisés au bureau …
Ou bien, ils envoient des adultes miniatures aux champs de mines,
pieds nus, avec des images
de Khomeiny autour du cou,
leurs vieux orteils fouillant le sable
à la recherche de la mort.

Et des enfants font la queue pour le Bingo
sur Ormond Quay, sur Mary Street,
et arrosent de vinaigre leur plat-à-emporter dégoulinant.

Et des enfants parlent et fument sans arrêt
dans les salles d'attente du dispensaire,
se décalant toujours d'une place vers la droite,
les parents se disputent pour des babioles
sur le lino usé.

Et c'est toujours des enfants
qui râlent pour du tabac – des enfants
avec de la barbe et de la couperose –
et des enfants, habillés en policiers,
qui sortent leur premier cadavre du fleuve.

And who is it who makes love in the dark
or in the light, who haunts
and who does all our dying for us,
if not children?

We leave their fingerprints
on everything we touch.

Et qui donc fait l'amour dans le noir
ou dans la lumière, qui hante
et qui se charge de mourir pour nous,
sinon les enfants ?

Nous laissons leurs empreintes
sur tout ce que nous touchons.

Answering Machine

A flashing light will mean I'm not alone.
A moment later maybe I'll hear your voice,
or that of a stranger, or the sound
of someone somewhere having second thoughts

and hanging up. But at least I'll know it means
that someone thinks about me, now and then,
and whoever they prove or do not prove to be,
at least there is a sort of consolation

in the fact that they send a gift of light,
a sign to welcome me on my return.
You are not alone, it will say, first thing,
the green light of the answering machine.

Or else: *how desperate you've become
for love, the glimmer of surprise,
alone there in the doorway of your room
like a man before an endless, starless sky.*

Répondeur

Une lumière qui clignote me dira que je ne suis pas seul.
Un moment plus tard peut-être, j'entendrai ta voix,
or celle d'un inconnu, ou le bruit
de quelqu'un quelque part qui change d'avis

et raccroche. Mais au moins je saurai que ça veut dire
que quelqu'un pense à moi, de temps en temps,
et qui que cela puisse ou ne puisse pas être
au moins, il y a comme une consolation

dans le fait qu'il m'envoie un cadeau de lumière,
un signe qui m'accueille à mon retour.
Tu n'es pas seul, dira-t-elle, tout de suite,
la lumière verte du répondeur.

Ou bien : *combien tu manques*
d'amour, de lueur de surprise,
seul, là, à l'entrée de ta chambre
comme un homme devant un ciel sans étoiles, infini.

No Man's Land

The world began with our house.
At night if you listened hard
you could hear a whole universe
still forming. Out in the back yard

where the Milky Way stretched between
the roofs of cut-stone sheds,
bats flittered in the beams
of our flashlights, their tiny heads

like turned-out pockets. Closer,
water dripped or gushed, the dog
sensed something, cocked an ear
then stood as if the hands of a clock

had frozen somewhere. I was back
in No Man's Land again, a place
I loved, and feared: the black,
damp air pressed against my face

like a hand. Behind me at the door
separating inside and out,
womb and world, a dozen or more
slugs would gather, dumb, devout

as guard dogs, thick as eels
or old rope, drawn by the light
or warmth of the house, the wheels
and spirals of their journeys bright

No man's land

Le monde commençait avec notre maison.
La nuit, si on écoutait bien
on entendait tout un univers
toujours en formation. Dehors dans la cour,

où la Voie Lactée s'étirait entre
les toits des granges de pierre de taille
des chauves-souris voletaient dans la lumière
de nos torches, leurs têtes minuscules

comme des poches retournées. Plus près,
l'eau coulait goutte à goutte ou en torrents, le chien
sentit quelque chose, pencha la tête
puis se dressa comme si les aiguilles d'une horloge

s'étaient figées quelque part. J'étais de nouveau de retour
dans le no man's land, un endroit
que j'aimais, et craignais : l'air noir,
humide m'écrasait le visage

comme une main. Derrière moi à la porte
qui séparait le dedans du dehors,
la matrice, du monde, une douzaine ou plus
de limaces se rassemblaient, hébétées, pieuses

comme des chiens de garde, serrées comme des anguilles
ou de la vieille corde, attirées par la lumière
ou la chaleur de la maison, les roues
et les spirales de leur trajet brillantes

as silver dust in honey. So when
the time came to go back, to leave
that strange land, head down I ran
as fast as I could, leaping clear

of the lair of teeming serpents, and with luck
making it across the threshold
into human light again, awe-struck
by strangeness, bringing strangeness home.

comme poussière d'argent dans le miel. Donc quand
vint le temps de rentrer, de quitter
cet étrange pays, tête baissée, je courus
aussi vite que possible, faisant un grand bond

au dessus du repaire des serpents qui grouillaient, et par bonheur
parvenant à passer le seuil
pour me retrouver dans la lumière humaine, frappé d'épouvante
par l'étrangeté, rapportant l'étrangeté à la maison.

Flesh

The spirit, despite bad press,
loves the flesh.

It enjoys nothing more
than body odour,

the warmth of a crotch
or the electric touch

of lips. Those dark religions
which have banned the nether regions

to the netherworld, to hell,
can cast all the spells

they like, can single out for blame
those who refuse to feel shame

about their bodies—children, the old,
the 'savage' inhabitants of the Third World,

but most of all those women of loose morals
whose torture is somehow part of the quarrel

about sanctity and sin
and the vessels the soul is to be found in.

Enough idols and bones!
Enough gleaming chalices and altar stones!

La chair

L'esprit, malgré sa mauvaise réputation,
adore la chair.

Il n'aime rien de plus
que les odeurs corporelles,

la chaleur d'un pubis
ou le contact électrique

des lèvres. Ces sombres religions
qui ont rejeté les régions inférieures

au monde inférieur, à l'enfer,
peuvent lancer tous les sorts

qu'elles veulent, peuvent isoler pour les blâmer
ceux qui refusent d'avoir honte

de leur corps : les enfants, les vieillards,
les "sauvages" du Tiers-Monde,

mais surtout ces femmes aux mœurs légères
dont la torture fait en sorte partie de la controverse

sur la sainteté et le péché
et les vaisseaux dans lesquels réside l'âme.

Assez d'idoles et d'os !
Assez de calices luisants et pierres d'autel !

I say it again: the spirit loves
the flesh, as the hand the glove.

And if you doubt me, ask my dying father
which he would rather:

to be done at last with love and pain,
or to leave, but then come back to flesh again.

Je le redis : l'esprit adore
la chair comme la main, le gant.

Si vous ne me croyez pas, demandez à mon père mourant
ce qu'il préfère :

en avoir fini de l'amour et de la douleur
ou partir, mais ensuite revenir à la chair de nouveau.

Machines

One night in York Street
almost ten years back—so much
drink and junk around the place

it was hard to say
just who was us, or them—one night
as I lay down to sleep on my own

cold slab of light, it started up:
below in the street, a car alarm
wielding its terrible, surgical blade

of sound. Across the way,
the College of Surgeons grinned in the night
like a skull, like a stack of skulls,

but it was hard not to cheer
when someone from a few doors up
suddenly appeared. A yard brush

like a weapon in his hands, he climbed
onto the gleaming bonnet where he stood
and began to swing,

first with aim and intent, so that
one by one the front lights went in, then
the indicators, windscreen wipers, the windscreen itself ...

and then like some half-man, half-thing
swung, swung, swung, swung,
swung till his muscles must have ached,

Machines

Une nuit dans York Street
il y a presque dix ans – tant
d'alcool et de came partout

qu'il était dur de savoir
simplement qui était nous, qui était eux – une nuit
alors que je m'étendais pour dormir sur ma

froide dalle de lumière, cela commença
en bas dans la rue, une alarme de voiture
qui brandissait son terrible scalpel

de bruit. De l'autre côté,
l'École de Chirurgie grimaçait dans la nuit
comme un crâne, comme une pyramide de crânes,

mais il fut difficile de ne pas acclamer
celui qui, habitant quelques numéros plus loin,
apparut soudain. Un balai de cour

à la main comme une arme, il grimpa
sur le capot luisant où debout,
il fit tourner le balai,

d'abord en visant soigneusement, de sorte que,
un par un les phares implosèrent, puis
les clignotants, les essuie-glaces, jusqu'au pare-brise …

et puis sorte de demi-homme, demi-chose,
il tourna, tourna, tourna, tourna,
tourna jusqu'à ce que les muscles lui fassent mal,

till the mangled brush tumbled from his grip
and he stopped, turned, looked up at us and roared
as if his spirit could no longer be contained

by the silence, by the darkness,

by the slow-motion tragedy of
so much of Dublin back in those
and still in these dehumanising days.

jusqu'à ce que le balai démoli lui tombe des mains
et qu'il s'arrête, se retourne, lève les yeux vers nous et hurle
comme si son ardeur ne pouvait plus être contenue

par le silence, par l'obscurité,

par cette tragédie au ralenti qui
touchait une grande partie de Dublin à cette époque-là
et encore à cette époque-ci qui nous déshumanise.

The Washing of Feet

It's the simplest form of healing:
late at night,
the washing of feet.

When the light called sky
is an absence,
when the traffic's asleep;

when song
is a physical thing
needing physical shape

but you're just so worn out
facing darkness again
and those brave

tulips and roses
in Merrion Square
have long since turned in

to the dark, cottony
breath that simmers
inside of them.

When the world
is a cave, is a dungeon,
when the angels retreat,

return to this tiny
pacific ocean,
to the washing of feet.

Le lavement des pieds

C'est le plus simple remède :
tard dans la nuit,
que le lavement des pieds.

Quand la lumière qu'on appelle ciel,
est une absence,
quand le trafic dort ;

quand le chant
est une chose matérielle
qui nécessite une forme matérielle

mais que l'on est si accablé
à se trouver encore face à l'obscurité
et que ces courageuses

tulipes et roses
de Merrion Square
se sont endormies depuis longtemps

au sombre souffle
cotonneux qui bouillonne
en elles.

Quand le monde
est une grotte, est un donjon,
quand les anges se retirent,

retourne à ce minuscule
océan pacifique,
au lavement des pieds.

A Natural History of Armed Conflict

The wood of the yew
made the bow. And the arrow.
And the grave-side shade.

Histoire naturelle du conflit armé

Le bois de l'if
fit l'arc. Et la flèche.
Et l'ombre près de la tombe.

A Man is Only as Good ...

A man is only as good
as what he says to a dog
when he has to get up out of bed
in the middle of a wintry night
because some damned dog has been barking;

and he goes and opens the door
in his vest and boxer shorts
and there on the pock-marked wasteground
called a playing field out front
he finds the mutt with one paw

raised in expectation
and an expression that says Thank God
for a minute there I thought
there was no one awake but me
in this goddamned town.

Un homme ne vaut que ...

Un homme ne vaut que
par ce qu'il dit à un chien
quand il est obligé de sortir de son lit
au milieu d'une nuit d'hiver,
parce qu'une saleté de chien s'est mis à aboyer ;

et il va ouvrir la porte
en maillot de corps et caleçon
et là devant, sur le terrain vague lépreux
qu'on appelle terrain de jeu,
il trouve le corniaud avec une patte

levée pour quémander
et une expression qui dit Dieu merci
pendant un court instant j'ai cru
que j'étais le seul être éveillé
dans cette putain de ville.

KATHERINE DUFFY

 Katherine Duffy was born in Dundalk in 1962. Her first poetry collection, *The Erratic Behaviour of Tides,* was published by the Dedalus Press in 1998, and poems from that collection have since appeared in various anthologies. Her second collection of poems, *Sorrow's Egg,* was published in early 2011, and it is from that collection that the poems here have been taken. Duffy also writes fiction and in 2006 received the Hennessy New Irish Writer of the Year award. Her fiction in Irish has won many awards and she has translated stories by leading Irish language authors into English. She lives in Dublin where she works as a translator in the Houses of the Oireachtas.

ABOUT THE TRANSLATOR

Anne Mounic is the author of *Jacob ou l'être du possible* (Caractères, 2009) and of the forthcoming *Counting the Beats: Robert Graves' Poetry of Unrest* (Rodopi, 2011) and *Monde terrible où naître : La voix singulière face à l'Histoire* (Honoré Champion, 2012). She has translated Robert Graves, Stevie Smith and Vincent O'Sullivan, amongst other poets.

Aria

An odd carolling wakes me,
keening from left field,
from somewhere else entirely.

Is it wind in the wires?
A banshee?
A child

with a clunky puzzle,
at last I match the sound
to you, your shoulders lapsing,

drowning in flowers. Your alveoli,
divas in the murky stadia of your lungs,
are singing their story—

a wild clear note
that darkens, spooling out
to eerie coloratura,

the music of damage,
now playing
in the arena of morning.

Aria

Une curieuse mélopée me réveille,
une plainte venue de nulle part,
ailleurs, tout à fait.

Est-ce le vent dans les fils électriques ?
Les cris de la fée ?
Un enfant

et sa question ardue, maladroite,
enfin j'associe le son
avec toi, dont tombent les épaules,

se noyant dans les fleurs. Tes alvéoles,
divas sur les troubles stades de tes poumons,
chantent leur histoire –

claire note farouche
qui s'assombrit, se déroulant
jusqu'au frisson de la coloratura,

la musique des tissus lésés,
qui joue à présent
dans l'arène du matin.

Red Shoe

Old wards, new wings,
corridors.
One foot in front of the other

brings me to my father.
How small he's grown—a changeling,
a dark thought

in his eyes, under the green.
His old smile
won't wear

but he likes my new red shoes,
notes that one has skinned my heel.
He deplores

the state of play,
the game on TV.
The tall lords come.

Not good, their words, *not
hopeful.* They shake their heads,
cannot foresee release,

not even for a season. Stay.
Swallow the black
seeds of pomegranate.

The afterwards of the car park,
fumbling at the lock,
the sun on my neck.

Soulier rouge

Salles anciennes, ailes nouvelles,
couloirs.
Un pied devant l'autre,

voici qui m'amène jusqu'à mon père.
Comme il est devenu petit – si peu pareil à lui-même,
une sombre pensée

dans les yeux, sous le vert.
Son ancien sourire
s'épuise,

mais il aime mes nouveaux souliers rouges,
remarque que l'un d'eux m'a écorché le talon.
Il déplore

l'état de la partie,
le jeu à la télé.
Arrivent les grands seigneurs.

Inquiétant, disent-ils, *peu
d'espoir.* Ils secouent la tête,
ne peuvent envisager de sortie,

pas même pour la saison. Rester.
Avaler les noirs
pépins de la grenade.

Postérité du parking,
la clef cherchant maladroitement la serrure,
le soleil sur la nuque.

I put my foot down,
my raw foot, my red
shoe. I would go I would

drive to the end of the earth.

Je pose le pied par terre,
mon pied blessé, mon soulier
rouge. Je voudrais partir je voudrais

aller en auto jusqu'au bout de la terre.

Two Metaphors for Sorrow

Sorrow's a housewife
who sings as she shines.
She blows a wind clean through you,
makes glass of you,
good for shielding difficult plants,
for letting the sun in some other time.
She strips your gaze.
You'll see the comedy of machinery:
cement-mixers, steamrollers,
the sterling ugliness of a rusted gate.

Sorrow's a long street;
sometimes you'll wonder
if there's a vanishing point.

Deux métaphores pour le chagrin

Le chagrin est une ménagère
qui chante en passant le chiffon à reluire.
En coup de vent, de part en part, elle vous traverse,
vous devenez de verre,
bon à protéger les plantes délicates,
ou à faire entrer le soleil à un autre moment.
Elle vous dessille le regard.
Vous percevez la comédie de la mécanique :
bétonnières, rouleaux compresseurs,
l'insigne laideur d'un portail rouillé.

Le chagrin est une longue rue ;
vous vous demandez quelquefois
s'il y existe un point de fuite.

Lost in the Kitchen

The piper's in the kitchen,
his arms full of music;
he works the bag, the bellows,
fretful reed, ominous drones.

He takes unruly air
under his wing,
sends it through complex plumbing.
Clear notes
pour from a rosewood chanter.

He raises his chin,
nods at a fly on the ceiling,
lifts a finger—

wars are lost,
old love
lost in the kitchen

and all that is not music
elbowed
out of the way of the tune.

Egaré dans la cuisine

Le joueur de cornemuse, dans la cuisine,
a les bras emplis de musique ;
il actionne le sac, les soufflets,
roseau plaintif, inquiétants bourdonnements.

Il prend l'air indiscipliné
sous son aile,
l'envoie dans les dédales de la tuyauterie.
Les notes claires
s'écoulent du chalumeau en bois de rose.

Le joueur redresse le menton,
montrant une mouche au plafond,
lève un doigt –

des guerres se perdent,
des amours anciennes,
égarées dans la cuisine

et tout ce qui n'est pas musique
écarté d'un coup de coude
pour laisser libre cours à la mélodie.

Amphora

Beneath this summer,
others lie—old cities
fallen, stratified in our hearts.
A rare and clever sun uncovers them,
whole frescoes: sea, sand, café-tables,
mountainsides, glimpsed—until drizzle
returns us to sifting for shards. We invent
a working model from a bird's thin bleat
from the mad-eyed geranium succeeding
in a corner of the yard. We dream
of warm, unbroken days,
reconstruct the season;
summer, a generous
amphora, an olive-jar
to store our fleshy memories in.

Amphore

Sous cet été-ci, d'autres gisent
antiques cités
déchues, stratifiées dans nos cœurs.
Le soleil, rare et rusé, les découvre, des
fresques entières : mer, sable, tables de cafés,
coteaux, d'un coup d'œil – jusqu'à ce que, la bruine
aidant, nous nous remettions à passer au crible les
tessons. Nous inventons un modèle de travail à partir
du grêle gazouillis d'un oiseau, du géranium
aux yeux affolés qui prospère dans un coin
de la cour. Nous rêvons de chaudes journées
ininterrompues, reconstruisons
la saison ; l'été,
généreuse amphore,
bocal d'olives
où remiser tous nos souvenirs charnus.

On Encountering a Cockroach in Cyprus

My pride at getting on with spiders,
meeting mice without a bleat
comes to this fall. You
toddle towards me,
feelers waving,
my scalp ripples,
my flesh becomes a choppy sea.

Years of reading what the Buddha said,
how the Tao goes, have left their mark;
I cannot kill you
so I corral you
in the dank bathroom,
laying a towel under the door,
a blue towel but this is our green line.

All night a sinister
pottering on the other side.
Are you plotting to cross?
Mobilising more of your kind?
Obscene laughter at four o'clock
cracks the thin glaze of my sleep

and a flittered fact revisits me:
in the event of apocalypse
it's you who'll inherit the earth.

I observe the green line meticulously,
resort to the kitchen sink when I need to pee,
crossing only when the sun shows up.

En croisant un cafard à Chypre

La fierté que j'éprouve à bien m'entendre avec les araignées,
à rencontrer les souris sans me plaindre
parvient à cette chute-ci. Tu
viens vers moi, château branlant,
agitant tes antennes,
une onde me traverse le cuir chevelu,
une houle me glisse sur la chair.

Des années passées à lire ce que dit le Bouddha,
les voies du Tao, ont laissé leur empreinte ;
impossible de te tuer,
je t'enferme donc
dans la salle de bain humide et fraîche,
étalant une serviette sous la porte,
de l'éponge bleue qui marque notre ligne rouge.

Toute la nuit, sinistre trantran
de l'autre côté.
Complotes-tu de traverser ?
D'appeler les tiens à la rescousse ?
Un rire obscène à quatre heures
fend l'émail ténu de mon sommeil

et un fait furtif m'effleure à nouveau :
au jour de l'apocalypse
c'est toi qui hériteras de la terre.

Je surveille méticuleusement la ligne rouge,
quand j'ai envie de faire pipi, je me sers de l'évier,
ne passant notre frontière qu'aux premières lueurs du soleil.

There you are, small and skulking,
the colour of a blanched raisin,
paler than the richly evil shade I'd pictured.

When I look again you're gone.
I check my shoes,
rifle through my suitcase,
scuttle down the narrow stairs.

My taxi for the airport waits.
I step into silky, early air
trying to shake from my skin
prophecy's skittery patter.

Te voici, petit, furtif,
de la teinte du raisin sec décoloré,
plus pâle que l'ombre richement maligne que je me figurais.

Un nouveau coup d'œil et te voilà parti.
Je regarde dans mes souliers,
vide ma valise,
dévale l'escalier qui est étroit.

Mon taxi attend, pour l'aéroport.
L'air du matin m'enveloppe en sa douceur ;
d'un frisson je tente d'exorciser, sur mon épiderme,
les petits pas, trottinant, de la prophétie.

Sorrow's Egg

One magpie—
where is the sorrow?
New green on the trees,
blackbird with a loud beak.

Tawny robin
hops towards a crumb.
A pigeon with solid shoulders,
a civil servant of a pigeon,
returns to a beloved tree,
to a man with a pocketful.

The sky flexing its muscles,
the fountain beginning to fizz;
trees are taking
classes in shade.

Somewhere in all of this
sorrow's egg is
tucked away. Somewhere,
warming.

L'œuf du chagrin

Une pie –
où est le chagrin ?
Reverdie dans les arbres,
merle au bec sonore.

Un fauve rouge-gorge
en sautillant atteint une miette.
Un pigeon à la solide carrure,
pigeon fonctionnaire,
retourne à l'arbre chéri
à l'homme aux poches pleines.

Le ciel assouplit ses muscles,
les fontaines se mettent à pétiller ;
les arbres prennent
des leçons de nuances.

Parmi toutes ces choses
l'œuf du chagrin
se dissimule. Quelque part,
au chaud.

Closure

Time to put it away, that old coverlet,
in the linen-cupboard of your mind.
Before you fold it, you know you'll shake it out
one last time—you won't be able to resist
its chameleon cloth: flowing paisley,
houndstooth growling.

Over the years it's got everything on it:
coffee, cigarette-burns, body fluids.
An edge is torn, the centre worn thin,
but overall it's served you well.
You've done all you can with it. Time to abjure
the discreet dryclean, the invisible mend.

Put it away. The lavender you dried
from the garden where we sat—
throw a handful of that on it.

Page tournée

Il est temps de le ranger, ce vieux couvre-lit,
dans l'armoire à linge de ton esprit.
Avant de le plier, tu sais que tu vas le secouer
une dernière fois – tu ne pourras résister
à son étoffe caméléon : fluide motif de cachemire,
pied de poule caquetante.

Avec les années, il s'est couvert de tant de choses :
café, brûlures de cigarette, déjections.
Il est déchiré dans un angle, élimé en son centre,
mais dans l'ensemble il a bien rendu service.
Avec lui, tu as fait ton possible. Il est temps
de renoncer au discret nettoyage à sec, à l'invisible reprise.

Range-le. La lavande que tu as fait sécher,
cueillie dans le jardin où nous étions assis –
répands-la, une poignée, par-dessus.

MARY MONTAGUE

 MARY MONTAGUE grew up in Co. Fermanagh and studied Genetics and Zoology at Queen's University, Belfast. She worked for many years as a teacher in Derry. Her first collection, *Black Wolf on a White Plain,* was published by Summer Palace Press in 2001 while her second, *Tribe,* from which the poems here are taken, was published by Dedalus Press in 2008. Mary Montague is currently based in Belfast while completing a PhD on bird song.

ABOUT THE TRANSLATOR
Isabelle Génin is Senior Lecturer at Sorbonne Nouvelle Paris3 where she teaches Translation Studies. She teaches a course on the translation of poetry and works with her students on contemporary poets. In collaboration with the Irish Cultural Centre, she has recently translated poems by Leanne O'Sullivan, Vona Groarke and Mary Montague.

Leaving My Father's House

This is the last time I am going in:
my only chance in this darkness
with no-one else to see. The dim porch
is almost reassuring, a sanctum
with magazine racks and collection tables
pushed against the wall. Familiar
objects of routine and ritual. I dip
one hand in the font; with the other
I twist the smooth, slightly battered
knob of the inner door, pull
it to me. The space inside is vast
yet cluttered. Cold moonbeams slant
from high arched windows. Suspended
between defiance and paralysis,
I lift my hand to my lips, suck
holy water from my dripping fingertips.
The taste is cool, slightly stale, metallic.
I have tasted better. I go in.

Everything looks different in darkness
but the eyes adjust. Shades of grey
accumulate, shadow themselves into form.
On golden days when this cavern
was walled with light and colour I feasted
on the bread of angels, felt glimmerings
dissolve on my tongue. In these pews
I studied holy writ. At the rails
I closed my eyes, parted my lips.
At this altar I bared my throat.
In a humid confessional, I begged.
I have knelt, I have prayed, I have whispered
This is my body. This is my blood.

Je quitte la maison de mon père

C'est la dernière fois que j'y entre :
ma seule chance d'être dans cette obscurité
sans personne pour me voir. Le vestibule sombre
est presque rassurant, un sanctuaire
avec des magazines et des tables pour la quête
poussées contre le mur. Des objets familiers,
routiniers et rituels. Je plonge
une main dans le bénitier ; de l'autre
je tourne la poignée polie, un peu
bosselée de la porte d'entrée, je tire
vers moi. A l'intérieur, l'espace est vaste
mais encombré. De froids rayons de lune oblique
tombent des hautes ogives. En suspens
entre bravade et paralysie,
je porte la main à mes lèvres, suce
l'eau bénite qui goutte de mes doigts.
C'est une saveur fraîche, un peu fétide, métallique.
J'ai déjà goûté mieux. J'entre.

Tout semble différent dans l'obscurité
mais les yeux s'habituent. Des ombres grises
s'accumulent et s'assemblent en formes obscurcies.
Les jours radieux où cette caverne
était couverte de lumière et de couleur, je me délectais
du pain des anges, je sentais les chatoiements
se dissoudre sur ma langue. Sur ces chaises,
j'ai étudié les saintes écritures. Devant ces grilles,
j'ai fermé les yeux et entrouvert les lèvres.
A cet autel j'ai offert ma gorge.
Dans un confessionnal moite j'ai imploré.
Je me suis agenouillée, j'ai prié, j'ai murmuré
Ceci est mon corps. Ceci est mon sang.

The hot sore blister of the true presence
gutters at me. Oh how I fixed on that light,
looked for it in the smooth bland faces.
Sometimes in my darkness I felt
the softest glow diffuse from an embered
centre; but there was no lasting heat.
Now I see it for a tawdry trinket,
a tiny bulb behind coloured glass.
I can no longer afford to believe in it.
The flame is not real. They have buried
the talent. I feel all the old clichés
rise in me: compassion, forgiveness
and the like. I will let them go. I have
granited myself against the chill
of this cold palace. Not even a mother's
mildness can intercede for me now.

I turn from the altar, face a long aisle.
This place is so different at night. The stained
glass is dull as a bruise. The holy pictures
are ghoulish. I am sick of the sanctification
of suffering, the clutch of pieties. I must
leave this place of memory and marble,
walk out alone and in darkness.
Through the frozen strobe of moonlight
I begin. My heels strike a bald rhythm
into the hollow air. I get to the door,
reach for the tablet of brass and pause.
I taste my own salt and I am not afraid.
I will take my last look. Briefly, briefly
for there is nothing to keep me.

La brûlante et lancinante tumescence de la présence réelle
vacille devant moi. Oh comme j'ai contemplé cette lumière,
l'ai cherchée dans les visages lisses et fades.
Parfois dans mon obscurité je sentais
la plus douce des lueurs émaner d'un centre
ardent ; mais la chaleur ne durait pas.
Maintenant je vois que c'est un brimborion,
une petite ampoule derrière du verre teinté.
Je ne peux plus me permettre d'y croire.
Ce n'est pas une vraie flamme. Ils ont enseveli
le talent. Je sens tous les vieux clichés
qui montent en moi : compassion, pardon,
et tout le reste. Je vais les laisser s'en aller. Je me
suis endurcie contre le froid
de ce palais glacial. Même la douceur
d'une mère ne peut intercéder pour moi maintenant.

Je me détourne de l'autel, fais face à une longue allée.
Cet endroit est si différent la nuit. Les vitraux
sont ternes comme une ecchymose. Les images saintes
sont macabres. J'en ai assez de la sanctification
de la souffrance, de l'emprise des sermons. Il me faut
quitter cet endroit de mémoire et de marbre,
sortir, seule, et dans l'obscurité.
Traversant la pulsation arrêtée du clair de lune
je m'avance. Mes talons frappent d'un rythme impérieux
la vacance de l'air. J'arrive à la porte,
tends la main vers la plaque de cuivre et m'arrête.
Je goûte mon propre sel et je n'ai pas peur.
Je vais jeter un dernier regard. Un coup d'œil, rapide,
car rien ne me retient.

I push through to the porch where
footsound shrinks and flattens. My breathing
is a soft tear in the quiet. There is no
peace yet, just the energy of decision.
I came back for my father's blessing
and found only strangeness. I cannot
live in a porch. I must find a new
dwelling place. I must learn
new ways to bless myself.

Je m'avance dans le vestibule où
mes pas s'assourdissent et s'atténuent. Mon souffle
doucement écorche le silence. Je n'ai pas encore
trouvé la paix, juste l'énergie de la décision.
Je suis revenue pour que mon père me bénisse
mais je n'étais qu'une étrangère. Je ne peux pas
vivre dans un vestibule. Il me faut trouver
une nouvelle demeure. Il me faut trouver
les moyens de ma propre bénédiction.

Amethyst Deceivers

Think of ballgowns of muted plush
or the gatheredness of long-sleeved
peasant blouses: crinoline; brushed
cotton; crêpe. Their stems have the fragile
elegance of a bare-shouldered neck.
Their caps radiate with nuances
of lilac and mauve. Damp velvet.
We are deceived in not expecting
them but they are too dignified
to surprise, too gentle to startle;
the pleasure of colour's discretion,
its emancipation in the flesh.

Mystère améthyste des laccaires

Pensées de robes de bal délicatement duveteuses,
bouffants de sarrau paysan à longues
manches : crinoline ; flanelle
de coton; crêpe de soie. Leurs tiges ont la fragile
élégance d'un cou largement dénudé.
Leur chapeau rayonne de nuances
lilas et mauves. Humide velours.
Dupés, nous n'espérions pas
le mystère des laccaires mais il sont trop dignes
pour surprendre, trop délicats pour stupéfier ;
plaisir de la couleur discrète,
son émancipation faite chair.

The Black Princes

The black princes rise with dusk;
they flower from the leaves of fern
with the sedimentation
of light. They appear

as congealing eddies
of air's semifluid allotrope
or perhaps they're crepuscular
diffusions from imagination's

dark soil. Twilight has pooled
in the clearing, its hoar breathing
off scrub, through slashes of spruce
corpses, the shimmering birches.

An arras of pine bristles
like iron filings electrified
at the brush of a magnet.
Crackle. The darkness shifts,

shapes to bulky rakish creatures:
four moose, all male, are printed
on the bluish mist. They have grown
out of bracken, their legs,

tall as stamens, their full heads
blossoming from the cups
of their bodies. The lobes
of their spread antlers

Les princes noirs

Les princes noirs se lèvent avec le soir ;
ils fleurissent des feuilles de fougères
avec la sédimentation
de la lumière. Ils surgissent

tels des tourbillons qui se figent,
allotropes semi-fluides de l'air,
ou peut-être crépusculaires
diffusions de l'imagination,

ce sombre terreau. La pénombre a inondé
la clairière, le givre de son souffle
sort des broussailles, des entailles des sapins
morts, des bouleaux chatoyants.

Une tenture de pins se hérisse
comme de la limaille électrifiée
par le passage d'un aimant.
Grésillement. L'obscurité s'ébranle,

se façonne en massives et insolentes créatures :
quatre élans, quatre mâles, sont estampés
sur la brume bleutée. Ils ont jailli
des fougères, les pattes,

hautes comme des étamines, leur large tête
s'épanouissant du calice
de leur corps. Les lobes
de leurs bois déployés

are gentled by velvet to the soft
contours of ripening fruit. Two
animals are in the centre,
two at opposite sides

of the clearing. They pause.
All heads turn watchfully.
The silence convinces.
They relax, return to browsing

among the ghostly palisades.
Their heads are plunged. Fronds
swish and crack as they tear.
Antlers stir the vegetation.

A small flotilla of moose
is sailing the gauze of dusk
as, from the camber of Earth,
darkness creeps up to stain

the chromatogram of sky.
Foreground shapes become flatter.
In the wings they've dissolved
in the trees. Night thickens

to cloak the black princes,
to leave them condensed as dark
within dark, umbral flickerings
below the depths of mind.

se font douceur de velours,
contours de fruit mûrissant. Deux
animaux sont au centre,
deux autres aux extrémités

de la clairière. Ils s'arrêtent.
Toutes les têtes se tournent, vigilantes.
Ce silence rassure.
Ils s'apaisent et se remettent à brouter

parmi les fantomatiques palissades.
Leurs têtes sont enfouies. Les frondaisons
frémissent et craquent quand ils arrachent.
Les ramures agitent la végétation.

Une petite flottille d'élans
glissent sur la gaze du soir
et, de la cambrure de la Terre,
l'obscurité monte et macule

le chromatogramme du ciel.
Au premier-plan les formes s'aplanissent.
Dans les coulisses elles se fondent
dans les arbres. La nuit s'épaissit

et vient couvrir les princes noirs,
les transforme en un condensé d'obscurité
sur l'obscurité, lueurs spectrales
sous la profondeur de l'esprit.

Afterwards

When it is over
I will come home
to moonrise-yellow tundral bleakness,
the bog-brownness glowing
with halogenic infusion,
the shadows crisp,
the woad-black sky
brightening around the well of the moon,
the skin of the birches
ghostly under their dappled capes
and, far off, the inky pines
huddling their cavernous shelter.
I will stand in my openness,
quivering. Across the distance
I will hear them, their deep-timbred
ululations, their quavering soughs.
I will siren them with all the pathos
of my long exile. I will listen
to their answering silence
before they clamour their greeting
with notes of disbelieving joy.
Then I will watch them bead and bob
over the lip of the nearest horizon.
I will wait for them, held
by my breath as it's yanked
by the clench, the surge,
of my heart. Against the dark
cloak of the hill I will track
their rapid time-spinning approach:

L'Après

Quand ça sera fini
je rentrerai à la maison
sous un blafard clair de lune de toundra,
le marron de la tourbière qui luit
d'émanations halogènes,
les ombres nettes,
le ciel noir indigo
illuminé autour du puits de la lune,
l'écorce des bouleaux
fantomatique sous leur capes moirées
et, au loin, les pins d'encre
blottis dans leur refuge caverneux.
Je resterai debout, ouverte,
tremblante. Au lointain
je les entendrai, le timbre grave
de leurs plaintes, leurs murmures tremblotants.
Je les envoûterai du drame
de mon exil sans fin. J'écouterai
leur réponse de silence
avant leur clameur de bienvenue
aux notes de joie incrédule.
Puis je les regarderai, perles dansant
sur la lèvre de l'horizon le plus proche.
Je les attendrai, retenue
par mon souffle, tiraillé
par le serrement, le déferlement,
de mon cœur. Sur le manteau noir
de la colline je guetterai leur approche,
rapides tourbillons de temps :

the rippling undulations of their strong backs
as they lope unswervingly; the rhythmic
flounce of plumed tails; the missile-steady
poise of fixed heads, the ears forward;
and, nearer, the warm ribbons of tongue,
the amber of their gladdening eyes.
Now they tuck their heads, fold
their ears and crinkle muzzles,
showing the beautiful solid convexity
of nape, the lune-rimed fur.
As they lollop these last
strides, puppyish and playful,
they make adolescents of us all.
I lunge and we collide, chest
to chest, jowl to jowl, black lips
drawn back to whine our pleasure
and tongue the roofs of each other's
mouths, taste the other's sweet
returning flesh. We yip and yowl,
squirm our bodies into a wreath
of greeting, then unravel
to stream across the unfolding
tundra, the hunt only just begun.

les ondoiements de leur dos puissant
quand ils bondissent droit devant ; le rythme
impatient des queues en panache ; la rigueur balistique
des têtes immobiles, les oreilles en avant ;
et, plus près, le chaud ruban des langues,
l'ambre de leurs yeux réjouis.
Maintenant ils rentrent la tête, replient
les oreilles et plissent le museau,
montrant la belle et massive convexité
de leur nuque, leur fourrure aux frimas de lune.
Galopant gauchement pour faire
ces derniers pas, tels des chiots joueurs,
ils nous rendent tous notre adolescence.
Je m'élance et c'est la collision, poitrine
contre poitrine, joue contre joue, lèvres noires
retroussées pour geindre notre plaisir
et lécher la voûte de l'autre
bouche, goûter la douceur de sa chair
qui rend les caresses. Nous glapissons et nous jappons,
nos corps se trémoussant en une couronne
de bienvenue, puis nous la déroulons
pour nous répandre dans la toundra
qui se déploie ; la chasse est à peine commencée.

GERRY MURPHY

 Gerry Murphy was born in Cork in 1952. His collections of poetry include *A Small Fat Boy Walking Backwards* (1985, 1992) and four previous volumes from Dedalus, *Rio de la Plata and All That* (1993), *The Empty Quarter* (1995), *Extracts from the Lost Log-Book of Christopher Columbus* (1999) and *Torso of an Ex-Girlfriend* (2002). *End of Part One: New and Selected Poems* appeared in 2006 to critical and popular acclaim and it is from that book that the present selection is made. In 2008 his work was adapted for actors and musicians by Crazy Dog Audio Theatre and, as *The People's Republic of Gerry Murphy*, had a week-long run at the Everyman Palace in Cork. *Pocket Apocalypse*, his translations of the Polish poet Katarzyna Borun-Jagodzinska, appeared in 2005 from Southword Editions. Murphy's most recent poetry collection is *My Flirtation with International Socialism* (Dedalus Press, 2010).

ABOUT THE TRANSLATOR

Emeritus Professor of Translation Studies at the Université de la Sorbonne Nouvelle, Paul Bensimon has translated many poets, from Shakespeare to Seamus Heaney and Derek Mahon, and most recently Gerry Murphy. He was commissioning editor for the translations in the *Pléaide Anthologie bilingue de la poésie anglaise* which was published in 2005.

Poem in One Breath

Not that you
would notice
but every time
you pass
up the corridor
Lenin's statue
levitates slightly
to get a better view
of the remarkable ease
with which you fill
curved space.

Poème d'un seul souffle

Vous ne le remarqueriez
peut-être pas
mais chaque fois
que vous longez le couloir
la statue de Lénine
lévite légèrement
pour avoir une meilleure vue
de la remarquable aisance
avec laquelle vous remplissez
l'espace courbe.

A Small Fat Boy Walking Backwards

I should have kept right on going
(smiling inwardly perhaps)
and said nothing
until I was able to confide
in a policeman.
After all it could have been merely
a child's reaction to the probability
of imminent global annihilation
or to the fluctuating price of gold,
or was it rumours of a coup in Greece
which troubled his young socialist heart?

Anyway I couldn't resist inquiring
as to why he chose such an unorthodox
mode of conveyance with such grim determination.
He told me to fuck off.

Yet consider, if you will, the possibility
that when the Universe loses
its tremendous momentum of expansion
and begins to collapse back
slowly on itself,
Time, Sex, Space, Previous Existence, Mensheviks, Goethe, Tax
Evasion, Syphilis, Early Byzantium, Hitler, Detergent, Cyprus, Mozart,
The I.R.A., Stephen Hawking, The Boston Tea Party, Absolutely
Enormous Breasts, Jupiter, Sperm Banks, Papal Infallibility, Dante,
Mobile Colonic Irrigation, Coca Cola, Women's Soccer, John Quincy
Adams, Anarcho-Syndicalism, Treblinka, 1065, Under Milk Wood,
Athlete's Foot, Particle Accelerators, John Brown's Body and A Partridge
in a Pear Tree will reappear faster and faster in final reverse order.

Un garçon boulot qui marche à reculons

J'aurais dû poursuivre tout droit mon chemin
(en souriant peut-être dans mon for intérieur)
sans prononcer un seul mot
jusqu'à ce que je puisse me confier
à un agent de police.
Après tout, cela aurait pu être simplement
une réaction d'enfant à un probable
anéantissement imminent de la planète,
à moins que ce ne soit des rumeurs de putsch en Grèce
qui agitaient son jeune cœur socialiste ?

En tout cas je ne pus résister au désir de lui demander
pourquoi il avait choisi un moyen de transport
aussi peu orthodoxe avec une aussi farouche détermination.
Il me dit d'aller me faire foutre.

Considérez pourtant, si vous le voulez bien, la possibilité
que, l'univers commençant à perdre
sa formidable vitesse d'expansion
et à s'effondrer lentement
sur lui-même,
le Temps, le Sexe, l'Espace, l'Existence antérieure, les Mencheviks,
Goethe, la Fraude fiscale, la Syphilis, l'Ancienne Byzance, Hitler,
les Détergents, Chypre, Mozart, l'IRA, Stephen Hawking, la
Boston Tea Party, les Seins absolument énormes, Jupiter, les
Banques de sperme, l'Infaillibilité pontificale, Dante,
l'Hydrothérapie colonique portable, le Coca-cola, le Football
féminin, John Quincy Adams, l'Anarcho-syndicalisme, Treblinka,
1065, Au bois lacté, le Pied d'athlète, les Accélérateurs de
particules, John Brown's Body, et Une perdrix sur un poirier –
réapparaîtront de plus en plus vite en ordre final inversé.

On His Deathbed My Grandfather Warns Me Against Literature

"Books!"
snarled my grandfather,
"are a bloodless substitute for life."
The thick blue ink of his veins
clotting happily
into commas, semi-colons
and colons,
towards a sudden and glorious
full stop.

Mon grand-père, sur son lit de mort, me met en garde contre la littérature

« Les livres,
aboya mon grand-père,
sont un substitut exsangue de la vie ! »
L'épaisse encre bleue de ses veines
se coagule joyeusement
en virgules, points-virgules
et deux-points,
vers un soudain et glorieux
point final.

Further Out

I can't tell you
where this is happening.
I know it's a dream
because the left bank of the Seine
has just appeared directly opposite
the right bank of the Lee.
I know it's daylight,
or at least dream daylight,
that silver-grey, residual glow
from some imploding star
shining in your glossy black hair.
I know it's you
because there is not one
even remotely as beautiful
on the stony inner planets
and I know you have been kissing me
for over a minute
because I have just woken up
gasping for breath.

Plus loin encore

Je ne puis vous dire
où cela se passe.
Je sais que c'est un rêve
parce que la rive gauche de la Seine
vient d'apparaître juste en face
de la rive droite de la Lee.
Je sais qu'il fait jour,
ou du moins qu'il fait jour comme dans un rêve,
cette lueur résiduelle gris argenté
venue d'une étoile qui implose,
et brillant dans votre chevelure noire lustrée.
Je sais que c'est vous
parce qu'il n'y a aucune femme
qui soit, même de loin, aussi belle
sur les rocailleuses planètes intérieures ;
et je sais que vous m'embrassiez
depuis plus d'une minute
parce que je viens de me réveiller,
le souffle coupé.

My Father Drying My Hair

I have washed my hair
and I am drying it
somewhat distractedly
by the fire.
"Dry it properly,"
my father commands
from behind his newspaper.
I make a half-hearted attempt
but soon lapse into ineffectual dabbing
at its dripping ends.
Eventually, as is his wont,
he takes the towel
and vigorously rubs it dry.
My head, held sweetly
in the busy orbit of his hands,
lulled into a drowsy rapture.

Mon père me sèche les cheveux

Je me suis lavé les cheveux
et suis en train de les sécher,
l'air un peu absent,
près du feu.
« Sèche-les correctement »,
ordonne mon père
derrière son journal.
Je fais un timide effort
mais me retrouve vite à tamponner sans succès
les extrémités trempées.
Finalement, comme à son habitude,
il prend la serviette
et frotte vigoureusement mes cheveux.
Ma tête, qu'il tient avec douceur
dans l'orbite active de ses mains,
est bercée, remplie d'une somnolente ivresse.

Twenty-One Words for The Security Council

It's a pity
the Earth isn't flat.
You could line the poor
along the edges
and machine-gun them
into the abyss.

Vingt-sept mots pour le Conseil de sécurité

Dommage
que la Terre ne soit pas plate.
On pourrait aligner les pauvres
le long des bords
et les passer à la mitrailleuse :
ils tomberaient dans l'abîme.

Among Thieves

for Michael O'Riordan

"There are pickpockets in the Cathedral,"
warned the bishop.
"They may get to your purses before we do,"
muttered the worried priest.

Au milieu de voleurs

pour Michael O'Riordan

« Il y a des pickpockets dans la cathédrale »,
avertit l'évêque.
« Ils peuvent arriver à votre porte-monnaie avant nous »,
marmonna le prêtre soucieux.

Still Life

Here's Cézanne,
confined to his sick-bed.
Hat pulled firmly down
pinching his ears,
pipe at full billowing puff
as he sketches the Mont Sainte-Victoire
of his drawn-up, blanketed knees.

Nature morte

Voici Cézanne,
cloué sur son lit de malade.
Chapeau enfoncé sur son crâne
et pinçant ses oreilles,
il tire de sa pipe de grosses bouffées tourbillonnantes,
tout en faisant une esquisse de la montagne Sainte-Victoire
que sont ses genoux ramenés vers lui sous une couverture.

Translation and its Discontents

for Belinda McKeon

Stark moonlit silence
the brindled cat is chewing
the nightingale's tongue.

La traduction et ses sujets de mécontement

pour Belinda McKeon

Silence absolu au clair de lune,
le chat moucheté mâche
la langue du rossignol.

Self-Portrait at 36

Head like a football,
heart like a barrel of thickening blood,
seventeen stones, irritable,
out of love.

Autoportrait à 36 ans

Tête comme un ballon de football,
cœur comme un tonneau de sang épais,
cent sept kilos, irritable
— faute d'amour.

Dedalus Press
Poetry from Ireland and the world

Established in 1985, the Dedalus Press is one of
Ireland's best-known literary imprints, dedicated
to new Irish poetry and to poetry from around the
world in English translation.

For further information on Dedalus Press titles, as
well as audio samples and podcasts in our Audio
Room, please visit **www.dedaluspress.com**.

*"One of the most outward-looking
poetry presses in Ireland and the UK"*
—UNESCO.org